Wahrheit oder Pflicht

DIE PAAREDITION AB 18

**ROMANTIK & SPASS
NEU ERLEBEN - DIE 350
AUFREGENDSTEN FRAGEN & AUFGABEN**

**DAS ULTIMATIVE MUST-HAVE FÜR EURE
DATE NIGHTS!**

Anleitung

Entdeckt gemeinsam neue Seiten aneinander und kommt euch auf spielerische Weise noch näher!

Die Regeln sind ganz einfach, ihr benötigt nur dieses Buch und etwas Neugierde! Ihr könnt die Regeln auch nach euren Wünschen anpassen!

Und so funktioniert's:

1. Augen zu und durch!

Spieler 1 beginnt und schließt dabei die Augen. Danach wird von diesem mit geschlossenen Augen eine beliebige Seite im Buch geöffnet. Anschließend muss dann noch „oben" für das obere oder „unten" für das untere Wahrheit oder Pflicht-Pärchen gesagt werden.

2. Die Entscheidung: „Wahrheit" oder „Pflicht"

- Nun steht das Wahrheit oder Pflicht Pärchen fest und Spieler 1 darf die Augen wieder öffnen. Spieler 2 stellt seinem Partner nun die Frage: „Wahrheit oder Pflicht?"
- Spieler 1 entscheidet sich anschließend für Wahrheit oder Pflicht und beantwortet die Frage oder absolviert die Aufgabe!

3. Abwechseln:

- Nach der Antwort oder dem Ausführen der Aufgabe ist der Partner an der Reihe, sich zufällig ein Paar auszusuchen.

Zeitlimit oder Anzahl der Runden:

- Ihr könnt festlegen, wie lange ihr spielen möchtet, oder eine bestimmte Anzahl an Runden spielen.
- Alternativ könnt ihr das Spiel so lange fortsetzen, wie ihr möchtet.

Ziel des Spiels:

- Es gibt keinen „Gewinner" im traditionellen Sinne. Der Zweck des Spiels ist es, sich besser kennenzulernen, miteinander zu lachen und intime sowie spannende Momente miteinander zu teilen.

Weitere Spielvariationen, um etwas Würze ins Spiel zu bringen:

- Zufallswahl: Ihr könnt auch eine Münze werfen oder einen anderen Zufallsgenerator nutzen, um zwischen Wahrheit oder Pflicht zu entscheiden.

- Rückfragen erlauben: Ihr könnt entscheiden, ob der Partner nach einer „Wahrheit"-Antwort eine Rückfrage stellen darf.

- Eigene Regeln: Ihr könnt auch eigene Zusatzregeln ins Spiel einbauen, um es nach euren Wünschen zu individualisieren!

Und nun ganz viel Spaß beim Spielen und viele aufregende und knisternde Momente!

Eisbrecher

Leicht & Locker

Wahrheit

Was war das Peinlichste, das dir je passiert ist?

oder

Pflicht

Erzähle einen Witz, der euch beide mit Sicherheit zum Lachen bringt!

Wahrheit

Was würdest du gerne mal ohne mich machen?

oder

Pflicht

Mache 10 Sekunden lang deinen lustigsten Tanz-Move!

Wahrheit

Wenn du in einem Film mitspielen könntest, welcher wäre es?

 oder

Pflicht

Ziehe dir eine Socke über deine Hand und führe einen kurzen Handpuppen-Dialog.

Wahrheit

Welche Superkraft hättest du gerne für einen Tag und warum?

 oder

Pflicht

Imitiere den Lieblingsschauspieler deines Partners.

Wahrheit

Was war der lustigste Traum, den du je hattest?

oder

Pflicht

Spreche und bewege dich die nächste Runde in Zeitlupe.

Wahrheit

Welche seltsame Essenskombination magst du gerne?

oder

Pflicht

Mache für 15 Sekunden Tiergeräusche – dein Partner muss erraten, welche es sind.

Wahrheit

Was ist deine schönste Kindheitserinnerung?

 oder

Pflicht

Spiele 15 Sekunden Luftgitarre zu deinem Lieblingssong!

Wahrheit

Was ist das Verrückteste, das du je spontan getan hast?

 oder

Pflicht

Mache einen 10-Sekunden-Stand-up-Comedy-Act.

Wahrheit

Wenn du ein Tier sein könntest, welches wärst du und warum?

oder

Pflicht

Versuche, ein Lied nur durch Summen zu erklären – dein Partner muss es erraten.

Wahrheit

Welches Lied bringt dich immer zum Tanzen, egal wo du bist?

oder

Pflicht

Tu so, als wärst du ein Nachrichten-moderator und berichte über ein lustiges Ereignis des Tages.

Wahrheit

Was war dein Traumberuf als Kind?

oder

Pflicht

Mache ein witziges Selfie und schicke es deinem Partner.

Wahrheit

Was war der lustigste Spitzname, den dir jemals jemand gegeben hat?

oder

Pflicht

Mache 20 Sekunden lang ein Tiergeräusch nach und dein Partner muss das Tier erraten.

Wahrheit

Was machst du am liebsten, wenn du allein bist?

oder

Pflicht

Erzähle eine lustige Geschichte, aber tue so, als wäre es die „Nachricht des Tages".

Wahrheit

Gibt es ein Lied, das du komplett auswendig kannst?

oder

Pflicht

Tue so, als würdest du eine berühmte Persönlichkeit interviewen – dein Partner spielt die Rolle.

Wahrheit

Was ist deine geheime Superpower im Alltag?

oder

Pflicht

Zähle in einer anderen Sprache bis 10 – oder tue so, als würdest du es können!

Wahrheit

Wenn du eine berühmte Person treffen könntest, wer wäre es und warum?

oder

Pflicht

Lache so laut und übertrieben, wie du kannst, für mindestens 10 Sekunden.

Wahrheit

Welche drei Dinge würdest du auf eine einsame Insel mitnehmen?

 oder

Pflicht

Spiele eine Runde „Stille Post": Flüstere deinem Partner eine kurze Nachricht ins Ohr.

Wahrheit

Wenn du ein Jahr lang in einer anderen Stadt leben könntest, welche wäre es?

 oder

Pflicht

Zeichne mit geschlossenen Augen ein Porträt deines Partners (auf einem imaginären Blatt).

Wahrheit

Welcher war einer der lustigsten Momente, die wir zusammen hatten?

 oder

Pflicht

Imitiere eine Comicfigur und lass deinen Partner raten, wer es ist.

Wahrheit

Welches Talent würdest du gerne sofort beherrschen?

 oder

Pflicht

Tue so, als wärst du ein professioneller Koch und beschreibe ein Rezept in dramatischer Weise.

Wahrheit

Welches Essen könntest du jeden Tag essen?

Pflicht

Mache für 10 Sekunden den Roboter-Tanz.

Wahrheit

Was war dein peinlichster Modetrend?

Pflicht

Erzähle 15 Sekunden lang in Reimen, was dir heute Blödes passiert ist.

Wahrheit

Welches Tier beschreibt dich am besten?

oder

Pflicht

Kommuniziere in der nächsten Runde nur in Zeichensprache.

Wahrheit

Hast du eine seltsame Angewohnheit, die ich nicht kenne?

oder

Pflicht

Mache eine Grimasse und halte sie für 10 Sekunden.

Wahrheit

Was war das Mutigste, was du je getan hast?

oder

Pflicht

Imitiere deinen Partner pantomimisch, wie er sein das Lieblingsessen verschlingt.

Wahrheit

Wenn du eine Farbe wärst, welche wärst du und warum?

oder

Pflicht

Rappe für 15 Sekunden etwas Wirres und tue danach so, als sei nicht passiert.

Wahrheit

Welcher Film bringt dich immer zum Lachen?

Pflicht

Mache 5 Tiergeräusche hintereinander und schaue deinem Partner dabei tief in die Augen.

Wahrheit

Wie oft in deinem Leben warst du schon verliebt?

Pflicht

Springe 10 Sekunden lang auf einem Bein.

Wahrheit

Was ist deine verrückteste Urlaubserinnerung?

oder

Pflicht

Mache 5 Hampelmänner und singe dabei die deutsche Nationalhymne.

Wahrheit

Was war dein Lieblingsspiel als Kind?

oder

Pflicht

Singe ein Kinderlied 10 Sekunden lang.

Wahrheit

Welche App benutzt du am häufigsten?

Pflicht

Zähle rückwärts von 10 auf lustige Weise.

Wahrheit

Was war dein peinlichster Moment beim Essen?

Pflicht

Mache 3 Sekunden lang eine Tier-Imitation.

Wahrheit

Was war dein lustigster Moment in der Schule?

oder

Pflicht

Erzähle deinem Partner einen Witz, den du selbst erfunden hast.

Wahrheit

Wenn du eine Sportart erfinden könntest, welche wäre es?

oder

Pflicht

Tanze für eine Minute, als ob niemand zusehen würde.

Wahrheit

Welche seltsame Angewohnheit hast du, die niemand kennt?

Pflicht

Ziehe ein Kleidungsstück des anderen an und mache ein lustiges Selfie.

Wahrheit

Was ist das Peinlichste, das dir je in der Öffentlichkeit passiert ist?

Pflicht

Mache ein Tiergeräusch und lass deinen Partner erraten, was es ist.

Wahrheit

Welchen Spitznamen hattest du als Kind, den du gehasst hast?

oder

Pflicht

Singe das Intro deines Lieblings-Cartoons aus der Kindheit.

Wahrheit

Was war dein seltsamster Traum?

oder

Pflicht

Beschreibe dich selbst mit drei völlig übertriebenen Komplimenten.

Wahrheit

Was ist deine geheime Superkraft, die niemand kennt?

oder

Pflicht

Imitiere für eine Minute ein beliebiges Tier durch Pantomime

Wahrheit

Welches Essen könntest du für den Rest deines Lebens nicht mehr essen?

oder

Pflicht

Mache deinem Partner ein Kompliment mit einer witzigen Stimme.

Wahrheit

Welches Tier beschreibt dich am besten und warum?

 oder

Pflicht

Male ein Selbstporträt, ohne auf das Papier zu schauen.

Wahrheit

Welche Aktivität machst du heimlich gerne, obwohl sie peinlich ist?

 oder

Pflicht

Zeichne den Lieblingsgegenstand deines Partners in 30 Sekunden.

Herz an Herz

Schmetterlinge im Bauch

Wahrheit

Was war der erste Eindruck, den du von mir hattest?

Pflicht

Gib deinem Partner eine spontane Umarmung, ohne ein Wort zu sagen.

Wahrheit

Wann hast du dich das erste Mal zu mir hingezogen gefühlt?

Pflicht

Schreibe deinem Partner eine süße Nachricht und gib sie ihm heimlich.

Wahrheit

Was ist deine Lieblings-besonderheit an mir?

 oder

Pflicht

Küsse deinen Partner 10 Sekunden lang auf die Stirn.

Wahrheit

Welches Kompliment von mir hat dich am meisten berührt?

oder

Pflicht

Halte für 10 Sekunden die Hand deines Partners und sage ihm etwas Nettes.

Wahrheit

Was war der romantischste Moment, den wir zusammen hatten?

oder

Pflicht

Flüstere deinem Partner eine Liebesbotschaft ins Ohr.

Wahrheit

Welche Eigenschaft von mir bringt dich zum Lächeln?

oder

Pflicht

Zeichne ein Herz auf die Hand deines Partners.

Wahrheit

Wann hast du das letzte Mal an mich gedacht, als wir getrennt waren?

Pflicht

Schau deinem Partner 20 Sekunden tief in die Augen, ohne zu sprechen.

Wahrheit

Was ist das Schönste, das ich je für dich getan habe?

Pflicht

Erinnere deinen Partner an einen besonderen Moment, den ihr gemeinsam geteilt habt.

Wahrheit

Wie fühlst du dich, wenn wir uns nach einem langen Tag wiedersehen?

Pflicht

Umarme deinen Partner für 10 Sekunden und schaut euch dabei tief in die Augen.

Wahrheit

Was bringt dein Herz bei mir zum rasen?

Pflicht

Sag deinem Partner etwas, das du an ihm bewunderst.

Wahrheit

Welche Eigenschaft von mir überrascht dich immer wieder?

Pflicht

Gib deinem Partner ein Kompliment, das du schon immer sagen wolltest.

Wahrheit

Was ist dein Lieblingsgeruch an mir?

Pflicht

Singe 10 Sekunden lang leise ein Liebeslied in das Ohr deines Partners.

oder

Wahrheit

Was macht dich stolz, in einer Beziehung mit mir zu sein?

Pflicht

Erzähle deinem Partner, wann du dich zuletzt glücklich gefühlt hast mit ihm.

Wahrheit

Welches Lied erinnert dich an mich?

Pflicht

Halte deinen Partner fest und beschreibe ihm, was du an der Zukunft mit ihm liebst.

oder

Wahrheit

Wann hast du dich das letzte Mal richtig in mich verliebt?

 oder

Pflicht

Schreibe deinem Partner eine kurze Notiz darüber, warum du ihn liebst.

Wahrheit

Was ist dein Lieblingsfoto von uns?

 oder

Pflicht

Gebt euch gegenseitig ein „High Five", allerdings mit geschlossenen Augen.

Wahrheit

Wie würdest du unsere erste Begegnung in einem Wort beschreiben?

oder

Pflicht

Beschreibe mit einem Lächeln, was du dir für den nächsten gemeinsamen Urlaub wünschst.

Wahrheit

Welche meiner Eigenschaften findest du am attraktivsten?

oder

Pflicht

Tu so, als würdest du einen romantischen Film drehen und beschreibe eine Szene mit euch.

Wahrheit

Was hast du durch unsere Beziehung über dich selbst gelernt?

oder

Pflicht

Male ein kleines Herz auf das Handgelenk deines Partners.

Wahrheit

Was war für dich der unvergesslichste Moment in unserer Beziehung?

oder

Pflicht

Sag deinem Partner etwas Nettes über das, was er heute getragen hat.

Wahrheit

Was magst du am liebsten an unseren gemeinsamen Gesprächen?

Pflicht

Gib deinem Partner einen kleinen Kuss auf die Nase.

Wahrheit

Was ist eine Erinnerung mit mir, die du niemals vergessen wirst?

Pflicht

Erfinde eine kurze Liebesgeschichte, die ihr beide erlebt habt.

Wahrheit

Was war der Moment, in dem du wusstest, dass du mich liebst?

 oder

Pflicht

Umarme deinen Partner von hinten und flüstere ihm ins Ohr, warum du ihn liebst.

Wahrheit

Welche Zukunftsvisionen hast du für uns?

 oder

Pflicht

Schicke deinem Partner eine Liebes-SMS, während ihr nebeneinander sitzt.

Wahrheit

Welche meiner kleinen Eigenheiten liebst du?

oder

Pflicht

Flüstere deinem Partner ins Ohr, was du an ihm schätzt.

Wahrheit

Wann hast du zuletzt Schmetterlinge im Bauch wegen mir gehabt?

oder

Pflicht

Gib deinem Partner einen sanften Kuss auf die Wange.

Wahrheit

Welche drei Worte beschreiben unsere Beziehung am besten?

oder

Pflicht

Beschreibe in einem Satz, warum du dich immer wieder neu verliebst.

Wahrheit

Wie hat sich deine Liebe zu mir im Laufe der Zeit verändert?

oder

Pflicht

Küsse die Hand deines Partners für 5 Sekunden.

Wahrheit

Was macht dich am glücklichsten in unserer Beziehung?

oder

Pflicht

Sage deinem Partner einen Grund, warum du stolz auf ihn bist.

Wahrheit

Wie fühlst du dich, wenn wir Hand in Hand spazieren gehen?

oder

Pflicht

Halte die Hand deines Partners und erzähle ihm eine schöne Erinnerung.

Wahrheit

Wann hast du das letzte Mal über uns nachgedacht und gelächelt?

oder

Pflicht

Schließe für 10 Sekunden die Augen und stelle dir eure gemeinsame Zukunft vor.

Wahrheit

Was würdest du an mir niemals ändern wollen?

oder

Pflicht

Gib deinem Partner einen Kuss auf die Stirn und lächle dabei.

Wahrheit

Was bedeutet das Wort „Liebe" für dich in unserer Beziehung?

Pflicht

Dein Partner hat einen Wunsch frei – erfülle ihn!

 oder

Wahrheit

Was bringt dich immer zum Lachen, wenn du an mich denkst?

Pflicht

Gib deinem Partner einen liebevollen Kosenamen.

Wahrheit

Welche Gemeinsamkeit in unserer Beziehung findest du am wertvollsten?

oder

Pflicht

Umarme deinen Partner fest, während du ihm in die Augen schaust.

Wahrheit

Was war dein schönstes Date mit mir?

oder

Pflicht

Lass dir von deinem Partner etwas kleines auf die Hand malen.

Wahrheit

Wann hast du das erste Mal gemerkt, dass du mich liebst?

oder

Pflicht

Schreibe deinem Partner einen kleinen Liebesbrief und verstecke ihn im Haus.

Wahrheit

Welcher Moment mit mir hat dein Herz schneller schlagen lassen?

oder

Pflicht

Umarme deinen Partner 20 Sekunden lang ohne ein Wort zu sagen.

Wahrheit

Was war das romantischste Erlebnis, das du je hattest?

oder

Pflicht

Beschreibe drei Dinge, die du an deinem Partner besonders schätzt.

Wahrheit

Was ist eine kleine Geste, die du an mir besonders schätzt?

oder

Pflicht

Küsse deinen Partner auf die Stelle, an der er es am wenigsten erwartet.

Wahrheit

Was macht dich an mir besonders glücklich?

oder

Pflicht

Halte die Hand deines Partners und sage ihm, was du an ihm liebst.

Wahrheit

Was war der schönste Liebesbrief, den du jemals bekommen oder geschrieben hast?

oder

Pflicht

Überrasche deinen Partner mit einer kleinen, spontanen Liebeserklärung.

Wahrheit

Was ist die beste Erinnerung, die du mit mir teilst?

Pflicht

Zeichne ein Herz und schreibe ein Wort hinein, das deinen Partner beschreibt.

oder

Wahrheit

Welche kleine Tat von mir hat dir in der letzten Zeit besonders viel bedeutet?

Pflicht

Massiere deinem Partner die Schultern für eine Minute.

oder

Wahrheit

Wie würdest du unseren ersten Kuss beschreiben?

oder

Pflicht

Erzähle deinem Partner eine romantische Geschichte, die ihr gemeinsam erlebt habt.

Wahrheit

Was ist dein größter Wunsch für unsere gemeinsame Zukunft?

oder

Pflicht

Verstecke einen kleinen Liebesgruß irgendwo im Haus und lasse deinen Partner danach suchen.

Wahrheit

Wann hast du dich zuletzt besonders geliebt gefühlt?

 oder

Pflicht

Finde ein Lied, das eure Beziehung beschreibt, und singe es deinem Partner vor.

Wahrheit

Was würdest du an mir niemals ändern wollen?

 oder

Pflicht

Schreibt zusammen eine kleine Geschichte, in der ihr die Hauptpersonen seid.

Wahrheit

Was ist das Süßeste, das du jemals von mir bekommen hast?

 oder

Pflicht

Macht ein lustiges Selfie, wo jeder von euch eine Grimasse schneidet!

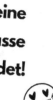

Wahrheit

Was hast du damals gedacht, als du mich das allererste Mal gesehen hast?

 oder

Pflicht

Denke an eine Zahl zwischen 1-5. Wenn dein Partner sie errät, erhält er/sie einen Kuss.

Funkensprung

Knistergefahr!

Wahrheit

Wann hast du dich zuletzt von mir richtig angezogen gefühlt?

Pflicht

Küsse deinen Partner 5 Sekunden lang auf eine Stelle seiner Wahl.

Wahrheit

Was war der romantischste Augenblick, den wir je hatten?

Pflicht

Flüstere deinem Partner etwas Knisterndes zu!

Wahrheit

Welches kleine Detail an mir findest du besonders verführerisch?

Pflicht

Ziehe deinen Partner für eine Umarmung ganz nah an dich heran.

Wahrheit

Was bringt dein Herz bei mir am meisten zum Rasen?

Pflicht

Haltet 20 Sekunden lang Augenkontakt.

Wahrheit

Welche Berührung von mir findest du am angenehmsten?

oder

Pflicht

Küsse deinem Partner 10 Sekunden lang auf die Hand.

Wahrheit

Gibt es eine Geste von mir, die dich immer wieder zum Schmunzeln bringt?

oder

Pflicht

Gib deinem Partner einen kurzen, liebevollen Kosenamen ins Ohr.

Wahrheit

Was bringt dich dazu, rot zu werden, wenn du an mich denkst?

Pflicht

Umarme deinen Partner von hinten und lächle dabei.

Wahrheit

Was ist deine liebste Berührung, die wir teilen?

Pflicht

Flüstere deinem Partner eine kleine romantische Fantasie ins Ohr.

Wahrheit

Was war dein Lieblingsdate mit mir?

Pflicht

Gib deinem Partner einen sanften Kuss auf die Lippen.

 oder

Wahrheit

Wenn wir uns nicht kennen würden, was würdest du als Erstes an mir attraktiv finden?

Pflicht

Schaue deinem Partner in die Augen und erzähle von deiner erotischsten Erinnerung mit ihm/ihr!

 oder

Wahrheit

Welches „geheime" Detail an dir findest du am verführerischsten?

oder

Pflicht

Erfinde eine kurze Geschichte über den romantischsten Moment, den ihr noch erleben werdet.

Wahrheit

Was ist das beste Date, das wir jemals hatten?

oder

Pflicht

Tu so, als wärst du ein „Liebes-Scout" und gib deinem Partner in 15 Sekunden 3 Flirttipps

Wahrheit

Wann hast du das letzte Mal über uns nachgedacht und gelächelt?

oder

Pflicht

Erfinde einen verführerischen Spitznamen für deinen Partner und benutze ihn für den Rest des Spiels.

Wahrheit

Was macht dich so richtig an, wenn wir intim werden?

oder

Pflicht

Beschreibe in 30 Sekunden den perfekten romantischen Kurzurlaub – dein Partner darf ein Detail hinzufügen.

Wahrheit

Was ist der süßeste Moment, den wir je zusammen hatten?

Pflicht

Gebe deinem Partner eine 20-sekündige „Mikro-Massage" an einer unerwarteten Stelle, z. B. an der Hand oder am Arm.

Wahrheit

Was würdest du als unser „Signature"-Date beschreiben?

Pflicht

Erzähle deinem Partner eine spontane, erfundene Geschichte darüber, wie ihr euch in einer alternativen Realität kennengelernt habt.

Wahrheit

Was ist dein Lieblingsritual, das wir teilen?

oder

Pflicht

Ziehe deinen Partner sanft zu dir und halte Augenkontakt für einen Moment, ohne zu sprechen.

Wahrheit

Welches Körperteil von mir findest du besonders anziehend?

oder

Pflicht

Spiele mit deinem Partner für 30 Sekunden ein improvisiertes Rollenspiel: Einer von euch ist der/die „Verführer/in", der/die andere stellt sich „ahnungslos".

Wahrheit

Pflicht

An welche Stelle meines Körpers küsst du mich am liebsten?

oder

Gib deinem Partner einen kurzen „romantischen Wetterbericht", aber erkläre die „Wetterlage" als Metapher für eure Beziehung.

Wahrheit

Pflicht

Wann hast du das letzte Mal den Funken zwischen uns gespürt?

oder

Lass deinen Partner für 10 Sekunden raten, woran du gerade denkst – ohne zu sprechen, nur durch Gesten und Blicke.

Wahrheit

Gibt es einen Moment, in dem du nicht widerstehen kannst, mich zu berühren?

oder

Pflicht

Zeige deinem Partner deinen besten „Verführungsblick", aber ohne zu lachen – halte ihn für 5 Sekunden.

Wahrheit

Welche meiner Gesten empfindest du als besonders verführerisch?

oder

Pflicht

Erfinde eine „geheime" Handbewegung oder Geste, die nur ihr beide versteht – nutze sie, um deinem Partner zu signalisieren, dass du ihn verführen willst.

Wahrheit

Gibt es einen Moment, in dem du meinen Atem gespürt hast und es dir Gänsehaut bereitet hat?

Pflicht

Tausche für die nächsten 2 Minuten eine Rolle mit deinem Partner: Du bist jetzt der/die „Flirter/in" und er/sie muss widerstehen.

oder

Wahrheit

Welche meiner Berührungen möchtest du am häufigsten spüren?

Pflicht

Tut so, als wärt ihr auf einem Speed-Date und versuche, deinen Partner innerhalb von einer Minute zu verführen!

oder

Wahrheit

Was war der intensivste Moment, den wir zusammen in letzter Zeit hatten?

oder

Pflicht

Flirte 30 Sekunden lang auf die witzigste und kreativste Weise, die dir einfällt, aber ohne Berührungen.

Wahrheit

Wann fühlst du, dass unsere Blicke am meisten sprechen?

oder

Pflicht

Wähle eine Farbe im Raum und erkläre deinem Partner, wie sie dich an einen Moment erinnert, in dem es zwischen euch geknistert hat.

Wahrheit

Welche meiner kleinen Eigenarten findest du am verführerischsten?

oder

Pflicht

Beschreibe in 10 Sekunden deinen „geheimen Plan", um deinen Partner bei eurem nächsten Date vollkommen zu überraschen – sei so mysteriös wie möglich.

Wahrheit

Gibt es einen Moment, in dem du wünschst, wir würden die Zeit anhalten?

oder

Pflicht

Flirte für 30 Sekunden so, als würdest du deinen Partner gerade zum ersten Mal treffen.

Wahrheit

Gibt es eine Berührung, die dich jedes Mal überrascht, weil sie so intensiv ist?

Pflicht

Tue für 15 Sekunden so, als würdest du in Zeitlupe versuchen, deinem Partner einen Kuss zu geben, aber ohne es wirklich zu tun.

oder

Wahrheit

Gibt es eine Situation, in der du meinen Duft besonders gerne magst?

Pflicht

Gib deinem Partner einen frechen und verführerischen Spitznamen.

oder

Wahrheit

Welches Kleidungsstück magst du an mir am liebsten sehen?

Pflicht

Sag deinem Partner in einem einzigen Wort, was du gerade an ihm attraktiv findest.

oder

Wahrheit

Was ist das Verführerischste, das ich je getan habe?

Pflicht

Spiele ein kleines, humorvolles Rollenspiel, in dem ihr euch zum ersten Mal trefft.

oder

Wahrheit

Was findest du an mir besonders attraktiv?

oder

Pflicht

Verkleide dich in ein Outfit, das deinen Partner besonders anzieht.

Wahrheit

Was war der erotischste Moment, den wir je zusammen hatten?

oder

Pflicht

Schreibt zusammen einen verführerischen Dialog und spielt ihn nach.

Wahrheit

Welches Kompliment, das du mir gemacht hast, fandest du am ehrlichsten?

oder

Pflicht

Gib deinem Partner einen Klaps auf den Po.

Wahrheit

Was würdest du gerne einmal mit mir ausprobieren, das du dich bisher nicht getraut hast zu sagen?

oder

Pflicht

Verstecke einen kleinen Zettel mit einer geheimen, verführerischen Nachricht irgendwo im Haus, und gib deinem Partner einen Hinweis, wo er ihn finden kann.

Wahrheit

Welche Art von Kuss magst du am liebsten?

oder

Pflicht

Entwickle einen kreativen Flirt und spiele ihn deinem Partner vor.

Wahrheit

Was ist deine Lieblingsfantasie, die du mit mir hast?

oder

Pflicht

Versuche deinen Partner ohne Worte zu verführen.

Wahrheit

Wenn wir einen geheimen Ort nur für uns beide hätten, wie würdest du ihn gestalten und was würden wir dort tun?

Pflicht

Stellt euch vor einen Spiegel und beschreibe, was du am Körper deines Partners liebst.

Wahrheit

Welche meiner Eigenschaften macht dich besonders an?

Pflicht

Macht zusammen ein Spiel, in dem ihr gegenseitig Komplimente über euer Aussehen gebt.

Wahrheit

Was ist dein Lieblingsplatz, um geküsst zu werden?

oder

Pflicht

Küsse deinen Partner so, wie du ihn noch nie geküsst hast.

Wahrheit

Was ist die verführerischste Eigenschaft, die ich habe?

oder

Pflicht

Schließt die Augen. Versucht, dann einander mit einer sanften Berührung an einer beliebigen Stelle zu überraschen.

Komfortzone adé

Mutig zu zweit!

Wahrheit

Was ist das größte Abenteuer, das du dir für uns vorstellen kannst?

oder

Pflicht

Sage deinem Partner eine Herausforderung, die du dich bisher nicht getraut hast, und plant gemeinsam, wie ihr sie angehen könnt.

Wahrheit

Welche mutige Entscheidung hast du in unserer Beziehung getroffen?

oder

Pflicht

Stell dich vor den Spiegel und sag dir selbst drei Dinge, die du an dir magst.

Wahrheit

Was würdest du am liebsten tun, wenn wir keine Grenzen hätten?

oder

Pflicht

Mache 10 Hampelmänner, während du deinem Partner eine lustige Geschichte erzählst.

Wahrheit

Welche deiner Gewohnheiten würdest du gerne ändern, um offener für Neues zu sein?

oder

Pflicht

Führe deinem Partner deine Lieblingsbeschäftigung vor, ohne dabei zu reden. Dein Partner soll erraten, worum es sich handelt.

Wahrheit

Welches neue Hobby würdest du gerne mit mir gemeinsam ausprobieren?

oder

Pflicht

Nehme irgendeinen Gegenstand, und mache deinem Partner einen liebevollen Heiratsantrag – auch dann, wenn ihr bereits verheiratet seid!

Wahrheit

Wenn wir gemeinsam eine Mutprobe meistern müssten, welche würdest du für uns aussuchen?

oder

Pflicht

Sprich in einer erfundenen Sprache und lass deinen Partner raten, was du sagst.

Wahrheit

Welche verrückte Idee hattest du schon mal, die du nie umgesetzt hast?

Pflicht

Erfinde eine spontane Mutprobe für deinen Partner und führt sie gemeinsam durch.

Wahrheit

Wann hast du dich das letzte Mal von mir ermutigt gefühlt, mutiger zu sein?

Pflicht

Imitiere ein Tier für 20 Sekunden und lass deinen Partner erraten, welches es ist.

Wahrheit

Gibt es eine Aktivität, die du dich bisher nicht getraut hast, aber gerne mit mir ausprobieren würdest?

 oder

Pflicht

Gib deinem Partner einen spontanen Kosenamen und erkläre ihm, warum du diesen Namen gewählt hast.

Wahrheit

Welchen Traum würdest du gerne mit mir verwirklichen, wenn nichts uns zurückhalten würde?

 oder

Pflicht

Sage deinem Partner eine kleine Angst, die du hast, und überlegt gemeinsam, wie ihr sie überwinden könnt.

Wahrheit
Was ist dein größter Wunsch, den du für uns gemeinsam hast?

oder

Pflicht
Tanze ohne Musik 10 Sekunden lang „aus vollem Herzen".

Wahrheit
Welche Art von „verrücktem" Date würdest du gerne mit mir erleben?

oder

Pflicht
Flüstere deinem Partner eine witzige Geschichte über eure Zukunft zu.

Wahrheit

Wenn du etwas Verrücktes aussuchen könntest, das ich machen muss, was wäre es?

oder

Pflicht

Erzähle deinem Partner von einem mutigen Ziel, das du erreichen möchtest, und plant es gemeinsam.

Wahrheit

Wenn wir in einem TV-Wettbewerb für Paare antreten müssten, welche Herausforderung würdest du für uns wählen?

oder

Pflicht

Flüstere deinem Partner ein Geheimnis ins Ohr, das du noch nie erzählt hast.

Wahrheit

Welches verrückte Hobby würdest du gerne mal mit mir ausprobieren, auch wenn wir beide keine Ahnung haben, wie es geht?

oder

Pflicht

Überrasche deinen Partner mit einer spontanen, mutigen Geste.

Wahrheit

Welchen „verbotenen" Traum würdest du gerne mit mir erleben, wenn uns nichts aufhalten könnte?

oder

Pflicht

Rappe deinem Partner vor, was du heute gefrühstückt hast und wie es dir gemundet hat – gestikuliere dabei wie ein richtiger Gangster-Rapper!

Wahrheit

Gibt es etwas, was du mit mir tun würdest, das andere Leute für total verrückt halten würden?

Pflicht

Suche dir für deinen Partner ein Lied aus, zu dem ihr beide dann 30 sek. gemeinsam tanzt.

Wahrheit

Wenn wir in einer Reality-Show landen würden, welche Herausforderungen sollten wir sofort annehmen, um zu gewinnen?

Pflicht

Erkläre deinem Partner in 15 Sekunden, warum ihr beide die besten Superhelden wärt.

Wahrheit

Welche Mutprobe würden wir beide ohne Probleme bestehen, bei der andere Paare Schwierigkeiten hätten?

oder

Pflicht

Gebe deinem Partner ohne Ankündigung einen Kuss auf den Mund!

Wahrheit

Eine Reise durch die Wüste, zum Nordpol oder eine Umsegelung der Welt: Was davon würdest du gerne mit mir machen?

oder

Pflicht

Interviewe deinen Partner für eine Minute und stelle dabei völlig unerwartete und sinnlose Fragen!

Wahrheit

Wenn du ein Geheimnis hättest, das du nur mir anvertrauen würdest, welches wäre es?

Pflicht

Nehme einen Schluck Wasser und sage den folgenden Zungenbrecher auf: „Lang schwang der Klang am Hang entlang."

Wahrheit

Was wäre das absurdeste Abenteuer, das wir beide sofort starten könnten, wenn wir nichts zu verlieren hätten?

Pflicht

Führe eine Minute lang ein sehr wichtiges Telefonat in einer neuen Sprache, die du spontan dafür erfindest!

Wahrheit

Was wäre das lustigste Missgeschick, das uns während einer Abenteuerreise passieren könnte, und wie würden wir es meistern?

oder

Pflicht

Führe ein kurzes Gespräch mit deinem Fuß! Bewege ihn dabei und lasse ihn sprechen wie eine Handpuppe.

Wahrheit

Welchen völlig anderen Lebensstil könnten wir gemeinsam für einen Tag ausprobieren, um zu sehen, wie es sich anfühlt?

oder

Pflicht

Flüstere mir in fünf Worten, was du an mir besonders liebst – aber mach es so, dass ich dich kaum verstehe.

Wahrheit

Wenn wir für einen Tag die Rollen tauschen müssten, was wäre die herausforderndste Aufgabe für jeden von uns?

oder

Pflicht

Erfinde spontan ein Märchen mit Happy End, in dem dein Partner vorkommt.

Wahrheit

Was wäre der ungewöhnlichste Ort, an dem wir ein Picknick machen könnten, und wie würden wir es organisieren?

oder

Pflicht

Mache deinen Partner in der kommenden Runde nach wie einen Papagei!

Wahrheit

Wenn wir ein Jahr lang jeden Monat ein neues, verrücktes Date planen müssten, was wäre das ungewöhnlichste Date, das dir einfällt?

oder

Pflicht

Buchstabiere ein Wort, indem du jeden Buchstaben mit deinem gesamten Körper formst.

Wahrheit

Wenn wir uns das gleiche Tattoo stechen lassen müssten, welches verrückte Motiv würdest du für uns vorschlagen?

oder

Pflicht

Stelle ein bekanntest Lied durch Schnarch-Geräusche dar und dein Partner muss erraten, welches es ist.

Wahrheit

Welches "verbotene" Spiel würdest du gerne mit mir spielen?

oder

Pflicht

Kitzle dich selbst 30 Sekunden und versuche, dabei nicht zu lachen.

Wahrheit

Was wäre das wildeste Kostüm, das wir zusammen bei einer Party tragen könnten?

oder

Pflicht

Spiele besonders albern eine Szene aus einem Film nach! Im Idealfall ist es eine Komödie.

Wahrheit

Wenn wir für einen Tag als jemand völlig anderes leben könnten, wer wären wir und was würden wir tun?

oder

Pflicht

Erkläre deinem Partner die Regeln dieses Spiels mit geschlossenem Mund.

Wahrheit

Sage deinem Partner, welches Tier du in ihm siehst und weshalb!

oder

Pflicht

Verhalte dich für 15 Sek. so, als würdest du einen Hula-Hoop-Reifen mit deinem Becken schwingen.

Wahrheit

Was ist etwas, das du schon lange mit mir ausprobieren willst, aber noch nicht getan hast?

oder

Pflicht

Plant zusammen eine Aktivität, die ihr noch nie gemacht habt, und führt sie sofort durch.

Wahrheit

Was ist eine deiner größten Ängste, die du gerne überwinden würdest?

oder

Pflicht

Macht gemeinsam eine Bestandsaufnahme eurer Lebensmittel und erfindet spontan ein neues Rezept mit den vorhandenen Zutaten.

Wahrheit

Was ist das Mutigste, was du je getan hast?

 oder

Pflicht

Baut aus Decken und Kissen eine kleine Festung und verbringt Zeit darin.

Wahrheit

Gibt es eine Aktivität, die wir zusammen ausprobieren sollten?

 oder

Pflicht

Erfindet zusammen eine neue Regel für den Alltag, die ihr für eine Woche ausprobieren werdet.

Wahrheit

Was ist eine Sache, die du in deinem Leben ändern würdest?

oder

Pflicht

Verbringt 30 Minuten damit, gemeinsam eine neue Fähigkeit oder ein Hobby zu erlernen (z. B. eine einfache Yoga-Pose, ein Kartenspiel, ein neues Rezept).

Wahrheit

Gibt es eine kleine Gewohnheit, die du gerne zusammen mit mir entwickeln würdest?

oder

Pflicht

Räumt gemeinsam eine Schublade oder ein Regal auf und sortiert alles neu, während ihr darüber sprecht, welche Erinnerungen ihr mit den Gegenständen verbindet

Wahrheit

Was würdest du gerne einmal tun, was du dich bisher noch nicht getraut hast?

oder

Pflicht

Plant einen kreativen Abend zu Hause, bei dem ihr eine neue Aktivität ausprobiert.

Wahrheit

Welche Aktivität möchtest du unbedingt zusammen erleben?

oder

Pflicht

Organisiert eine Schatzsuche mit kleinen Hinweisen in eurer Wohnung.

Wahrheit

Was ist das verrückteste, das wir zusammen tun könnten?

oder

Pflicht

Jeder schreibt eine Liste mit kleinen Dingen, die ihn im Alltag stören – tauscht die Listen aus und versucht, die Punkte des anderen für eine Woche zu verbessern.

Wahrheit

Gibt es etwas, das du mir sehr gerne sagen würdest?

oder

Pflicht

Packt einen Rucksack mit zufälligen Dingen aus dem Haus und überlegt euch ein „Abenteuer", das ihr damit in eurer Wohnung unternehmen könnt.

Wahrheit

Was ist ein kleiner Konflikt, den wir zusammen lösen könnten?

oder

Pflicht

Kreiert zusammen eine Fantasiegeschichte über einen Gegenstand in eurer Wohnung und führt ein kleines Rollenspiel darüber auf.

Wahrheit

Was war die größte Herausforderung, die wir bisher erfolgreich gemeistert haben, und wie haben wir sie überwunden?

oder

Pflicht

Stellt euch eine Aufgabe, die ihr normalerweise einzeln erledigen würdet, und versucht sie gemeinsam in perfektem Teamwork zu bewältigen.

Wahrheit

Gibt es eine Aktivität oder ein Erlebnis, das du gern in unserer Beziehung stärken oder vertiefen möchtest?

oder

Pflicht

Jeder von euch überlegt sich eine kleine Herausforderung für den anderen, die sofort im Haus umgesetzt werden kann.

Wahrheit

Was ist eine Grenze, die du gerne gemeinsam mit mir überwinden würdest?

oder

Pflicht

Macht eine "Mut-Challenge": Jeder schreibt etwas auf, das er mutig findet, und ihr wählt eine der Aufgaben aus, um sie gemeinsam zu erledigen.

Lust auf mehr Spaß & Herausforderungen?

Dann ist unser Bestseller „LOL: Wer lacht, verliert!" genau das Richtige für dich! Hier warten unzählige witzige Aufgaben, verrückte Challenges und eine Menge Lacher auf dich und deine Freunde! Schaffst du es, ernst zu bleiben, wenn die Lachmuskeln rebellieren?

Mach dich bereit für das ultimative Lächeln-Verbot! Wirst du der letzte bleiben, der ernst bleibt? Finde es heraus!

Impressum

Deutschsprachige Erstausgabe Oktober 2024

Copyright © 2024 Kunabis Kreativ Verlag

Kunabis Kreativ Verlag
c/o Block Services
Stuttgarter Str. 106
70736 Fellbach

1. Auflage

ISBN-Taschenbuch: 978-3-910952-03-4

Alle Rechte vorbehalten

Nachdruck, auch auszugsweise, nicht gestattet.

Das Werk, einschließlich seiner Teile, ist urheberrechtlich geschützt. Jede Verwertung ist ohne Zustimmung des Verlages und des Autors unzulässig.

Dies gilt insbesondere für die elektronische oder sonstige Vervielfältigung, Übersetzung, Verbreitung und öffentliche Zugänglichmachung.

Printed in Poland
by Amazon Fulfillment
Poland Sp. z o.o., Wrocław

42463218R00058